AF461432

LA
PREMIÈRE COMMUNION
DE
PIA DE MESLON

LA
PREMIÈRE COMMUNION
DE
Pia de MESLON

BERGERAC
IMPRIMERIE GÉNÉRALE DU SUD-OUEST (E. MAURY)
—
1889

A

Pia de MESLON

EN SOUVENIR

DE SA

PREMIÈRE COMMUNION

FAITE

Dans la Chapelle du Château de Monbrun

LE 27 MAI 1888

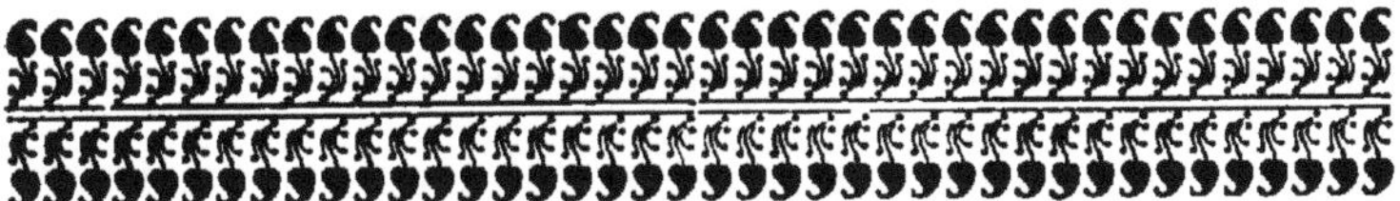

DÉDICACE

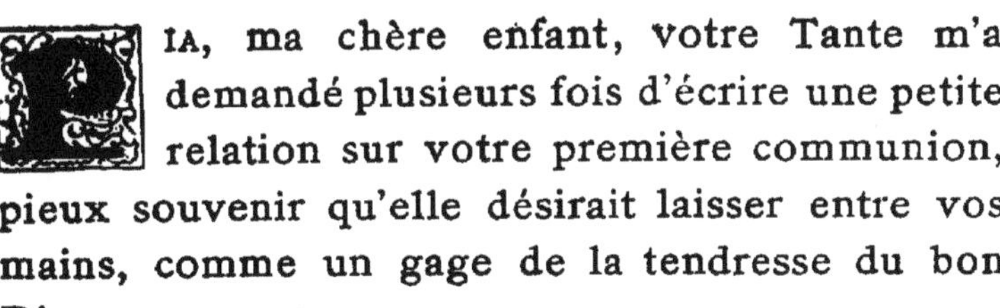

PIA, ma chère enfant, votre Tante m'a demandé plusieurs fois d'écrire une petite relation sur votre première communion, pieux souvenir qu'elle désirait laisser entre vos mains, comme un gage de la tendresse du bon Dieu pour vous.

Cette relation, la voici enfin.

Relisez-la quelquefois, tandis que vous êtes à l'âge heureux de la vie : elle vous rappellera que les bonheurs de la terre ne sont rien en comparaison des joies goûtées au tabernacle de Jésus. Plus tard, lorsque vous aurez appris, vous aussi, qu'il y a, ici-bas, des heures inévitables de tristesse et d'angoisse, et que vous aurez fait l'expérience de ce monde, si bien nommé la *vallée des larmes*, relisez-la encore : il se détachera de ces pages comme une manne cachée, qui vous rendra plus forte et plus vaillante ; et l'avenir vous apparaîtra moins sombre, quand le passé aura remis sous vos yeux la délicatesse et l'amour avec lesquels le ciel a conduit vos premiers pas.

Dans quelque trente ou quarante ans, en retrouvant les noms de ceux qui vous entouraient en ce grand jour, et qui alors, presque tous sans doute, se reposeront de leurs luttes et de leurs travaux dans un monde meilleur, il vous arrivera peut-être de vous demander s'ils pensent encore à vous et s'ils continuent de vous aimer.

Certainement, leur affection vous sera fidèle, malgré le temps, malgré la mort elle-même : chaque année, au jour anniversaire de cette fête qui fut la leur parce qu'elle fut la vôtre, là-haut comme ici-bas, ils uniront leurs prières ; et ensemble, ils demanderont à Dieu de protéger et de bénir celle qui leur apparut, le 27 mai 1888, comme un ange de piété, de candeur et d'innocence.

Que Jésus conserve toujours à votre âme cette divine beauté de la grâce ! Je vous le souhaite ; et, dans ce souhait, je mets tout mon zèle de prêtre, tout mon dévouement d'ami.

C. Prieur.

Mai 1889.

RÉCIT

Le 22 avril 1888, une douloureuse cérémonie attirait une grande affluence au château de Monbrun : on y rendait les derniers devoirs à la dépouille mortelle de Monsieur Bénoni de Lavalette, ancien consul de France, chevalier de la Légion d'honneur, et, plus que tout cela, chrétien, parfait modèle de loyauté et de foi.

Doux envers la maladie comme il l'avait été envers tout le monde, il était entré paisiblement dans le repos de la mort: tel, à la fin de sa journée, le moissonneur cherche dans le sommeil l'oubli de ses fatigues et de ses labeurs.

Un mois après (c'était le dimanche 27 mai 1888, fête de la T. S. Trinité), une autre cérémonie se célébrait dans cette même chapelle, d'où était parti le funèbre cortège. Au saint autel, un nouveau prêtre, fils du noble défunt, Monsieur l'abbé Odon de Lavalette, venait de monter pour la première fois; et, tenant élevée la blanche Hostie devenue par sa parole « *pain vivant descendu du ciel* », il la présentait aux adorations de l'assistance émue. A la table sainte, une enfant de dix ans, Mademoiselle Pia de Meslon, sa petite cousine, venait, aussi pour la première fois, de s'agenouiller; et, en tremblant, elle courbait son front devant l'*Agneau de Dieu*, devant *Celui qui efface les péchés du monde*.

Spectacle touchant, qui mettait des larmes dans tous les yeux ! larmes de reconnaissance et d'attendrissement, auxquelles se mêlaient aussi des larmes de regrets amers: car tous les regards cherchaient à sa place accoutumée celui qui n'était plus.

Ce deuil récent devait empêcher la fête de se dérouler dans la solennité et la pompe que l'on rêvait depuis longtemps. Mais si la cérémonie perdit un peu de l'éclat extérieur qu'on lui eût donné dans des circonstances plus heureuses, elle eut peut-être, à un plus haut degré, ce calme religieux dans lequel l'Esprit divin aime surtout à manifester au cœur sa présence.

Devant le château, un seul arc-de-triomphe avait été dressé; et des fleurs répandues avec du feuillage marquaient la route qu'avait suivie le cortège en se rendant à la chapelle, l'enfant de la première communion en tête, son grand voile blanc au vent, et, après elle, les parents, puis, au milieu du clergé qui chantait l'hymne: *Veni, creator spiritus*, le nouvel élu revêtu de tous les insignes du sacerdoce.

La chapelle avait été décorée avec un goût exquis, quoique sévère. Madame de Lavalette, sur son prie-Dieu, tenait ses yeux attachés sur l'autel avec une émotion visible; et, tout bas sans doute, empruntant les paroles de la sainte Vierge, elle remerciait le Tout-Puissant qui l'avait ainsi glorifiée dans sa maternité. Auprès d'elle ses deux filles, pieusement recueillies, avec leur cousine, Mademoiselle Léontine de Meslon; et, de l'autre côté, les heureux parents de la jeune communiante: Monsieur le baron de Meslon, son père, Madame la baronne de Meslon, sa mère, et celle que l'orateur de la journée devait appeler avec tant de raison, sa seconde mère, Mademoiselle Noëmie de Lavalette. Elle avait bien, en effet, des regards maternels et pour l'enfant dont elle s'était faite la catéchiste depuis de si longues années, et pour la plus jeune de ses nièces, Noëmie de Meslon, qui souriait, avec *la douce bonne foi* de ses cinq ans, à la robe blanche de sa sœur et au cierge, se consumant à ses côtés, symbole de pureté et d'amour.

Se pressaient ensuite, au second rang, Monsieur le comte de Royere et Mademoiselle Antoinette de Royere, Monsieur Casimir et Monsieur Amable de Lavalette, et enfin les serviteurs du château et quelques paysans du voisinage, qui avaient rompu avec la consigne, avides de recevoir la première bénédiction de celui qu'ils avaient vu grandir, et en qui revivait le maître bon et généreux dont ils avaient pleuré la mort.

D'une voix que l'émotion faisait trembler, le nouveau prêtre ayant chanté l'oraison du Saint-Esprit, avait commencé les premières prières de la messe. Le vénérable abbé Balbacid, le confident de toutes les joies et de toutes les douleurs de la famille depuis quarante ans, avait décliné l'honneur de l'assister, à cause de son grand âge. Mais en abdiquant ses droits, il avait vu avec bonheur reconnaître ceux de Monsieur l'abbé Desplat, curé de Saint-Estèphe, un autre ami, bien digne d'occuper cette place par son affection et par son dévouement.

Monsieur l'abbé Gérard de Lavalette avait bien voulu partager la joie de servir son frère à l'autel avec son petit cousin, Pierre de Meslon, qui avait revêtu, sur sa soutane rouge, son plus riche surplis d'enfant de chœur. Agenouillé au coin de l'épître, Monsieur l'abbé Nérac, devant cet aimable enfant, qui lui avait servi sa première messe au Grand

Séminaire de Périgueux, deux ans auparavant, semblait suivre, au fond de son cœur, les souvenirs du bonheur dont son âme avait joui en ce jour, le plus beau de sa vie.

Après l'Évangile — cet évangile de la Trinité qui est comme la charte des pouvoirs conférés au prêtre par Notre-Seigneur Jésus-Christ — Monsieur l'abbé Desplat, du haut de l'autel, adressa à l'assistance une allocution admirable de tact fin et d'à-propos. Sa première parole fut pour celui qui avait été tristement enlevé aux siens, à la veille de cette fête qu'il désirait tant de voir.

« Que les desseins de Dieu sont impénétrables ! « Qui donc aurait pu penser, il y a un mois à « peine, que la fête qui nous réunit en ce jour, « aurait ce caractère absolument intime, qu'elle « serait attristée par un deuil dont le souvenir, « encore vivant, nous arrache à tous des larmes ? « Qui donc aurait pu songer que nous tous, ici « rassemblés pour fêter ce jeune prêtre et recueil- « lir les prémices de son sacerdoce, nous aurions, « auparavant, rendu les derniers devoirs à son père « vénéré ; que pour l'accompagner à l'autel, sa « mère chercherait vainement auprès d'elle ce « bras qui l'avait soutenue si longtemps... La mort, « hélas ! la cruelle mort, déjoue tous nos projets ; « et Dieu se plaît souvent à nous sevrer des con- « solations les plus légitimes. Nous n'avons, ici-bas, « qu'à faire votre sainte volonté, ô mon Dieu, en « nous répétant sans cesse, que cette volonté cache

« toujours pour nous des conseils d'amour et de
« miséricorde! »

Monsieur l'abbé Desplat rappela ensuite les liens qui l'unissaient à la famille de Lavalette; et ce passage de son discours est un morceau achevé de délicatesse et de poésie.

« Il y a cinquante ans environ, vivaient ici,
« sous le même toit, mêlés à une nombreuse
« famille, avec des occupations diverses, trois
« jeunes gens, ou plutôt, deux jeunes gens et un
« enfant. L'aîné et le plus jeune étaient frères.
« L'autre continuait, au service de leur famille, de
« vieilles traditions d'activité et de dévouement.
« La Providence les sépara bientôt. Chacun d'eux
« suivit sa voie et fonda une nouvelle famille.
« Puis, après avoir accompli leur mission tous les
« trois en bons chrétiens, ils sont morts, laissant à
« leurs enfants un bel héritage, c'est-à-dire, un
« nom honorable et respecté, chacun dans le
« milieu où il vécut.

« Et voilà qu'aujourd'hui, trois enfants issus de
« ces trois pères sont ici, tous les trois prenant
« à cette fête une part active: l'un montant à
« l'autel pour la première fois; l'autre, pour la
« première fois, recevant le Dieu de l'Eucharistie;
« et le troisième humilié de porter la parole en
« présence d'un confrère vénérable (*), confus
« de l'honneur qu'on lui témoigne, fait remonter

(*) Monsieur l'abbé Balbacid.

« vers Dieu un vif sentiment de reconnaissance,
« vers Dieu qui, selon le langage de l'Écriture,
« sait *tirer le pauvre de son état d'abjection, et*
« *le placer au même rang que les princes de son*
« *peuple* (*). »

Puis, s'adressant au nouveau prêtre, désormais « son frère dans le sacerdoce », il lui parla le langage sublime de la foi sur les grandeurs et les charges de sa vocation. Pour le fortifier devant des devoirs si nombreux et si lourds, il lui offrit l'exemple de « cet oncle vénérable » que « le diocèse entier de Périgueux montrera longtemps encore comme un modèle accompli de toutes les vertus ecclésiastiques ». Ne semblait-il pas que la Providence elle-même avait voulu le proposer à l'émulation du jeune prêtre, puisque, par une coïncidence remarquable, c'était 52 ans, jour pour jour, après l'ordination de l'oncle, qu'avait été placée celle de son digne neveu?

Enfin, Monsieur l'abbé Desplat termina par ces paroles émues qui retentiront longtemps dans le cœur de Mademoiselle Pia de Meslon.

« Et vous, ma chère enfant, recueillez votre
« âme. Dieu a fait pour vous de grandes choses.
« Vous appartenez à une famille dont je n'ai pas à
« faire l'éloge ici. L'éloge du reste serait superflu.
« Je voudrais même que, faisant trêve à toute
« autre préoccupation, vous n'eussiez en ce moment

(*) Ps. cxii. 7. 8.

« qu'une seule pensée, un seul sentiment. Je vou-
« drais qu'une seule parole montât de votre cœur
« à vos lèvres : Merci, ô mon Dieu, de m'avoir
« fait naître de parents chrétiens ; merci de m'avoir
« confiée, non pas à une mère, mais à deux mères,
« de leur avoir inspiré la pensée de me donner à
« mon baptême le nom d'un saint Pontife qui rap-
« pelle à ma famille de si chers et de si glorieux
« souvenirs. Merci de m'avoir conduite dans cette
« chapelle, de me faire assister à cette première
« messe, de vouloir, à la voix de ce nouveau prê-
« tre, descendre du ciel pour moi. Merci d'avoir
« choisi mon jeune cœur pour en faire votre
« demeure. Merci, mon Dieu, d'entourer ma pre-
« mière communion de toutes ces grandes et belles
« choses. Faites que je n'oublie jamais ! Je veux
« vous aimer aujourd'hui d'un amour qui ne finisse
« pas, d'un amour qui soit éternel. »

Le saint Sacrifice se poursuivit dans le recueillement ; et le silence ne fut plus interrompu qu'après l'*Agnus Dei*, lorsque la première communiante, d'un accent pénétré, récita les actes de foi, de contrition et d'amour. Abimé dans l'adoration, chacun répétait, dans le secret de son âme, les paroles qui tombaient des lèvres de l'enfant comme une harmonie du ciel ; et cette fois-ci, eût dit saint François de Sales : « c'étaient les petits rossignols qui apprenaient aux grands à chanter les louanges divines ».

Nulle parole humaine ne saurait rendre cette scène de la communion, dont nous fûmes témoins, les yeux baignés des larmes d'une reconnaissance immortelle. La poésie et la musique semblent avoir dit le dernier mot de l'homme, dans ce cantique si connu, et qui a toujours cependant, pour ceux qui l'entendent chanter, à ces moments solennels, comme un charme de nouveauté :

> Le ciel a visité la terre :
> Mon bien-aimé repose en moi...
> Du saint amour, c'est le mystère :
> O mon âme, adore et tais-toi !

Après le dernier évangile, Monsieur l'abbé Odon de Lavalette voulut, avant de descendre du saint autel, adresser à la pieuse assistance, quelques mots de remerciement et d'édification. Sa main nous montra le ciel, splendide rendez-vous que Dieu assigne à tous ceux qui l'ont fidèlement servi : ses yeux y cherchèrent ceux qui, de là-haut, avaient assisté à cette fête sans être, comme nous, assombris par la tristesse. Mais, bientôt, l'émotion amassée dans son cœur fit expirer la parole sur ses lèvres. Tandis qu'il se remettait, un silence religieux parut un instant suspendre la vie ; et il semblait que ce séjour des éternelles réunions au sein de la béatitude, entrevu par notre foi, allait se découvrir à nos regards étonnés.

Le cortège, passant sous les grands tilleuls qui penchaient leurs têtes fleuries, revint en procession au château. On s'empressa autour du nouveau prêtre et de la première communiante ; et tous les deux, en retour des félicitations qui leur étaient offertes, se faisaient un bonheur de distribuer à tous des images commémoratives, et de promettre un autre souvenir, plus précieux, celui de leurs prières.

A midi, les parents et les ecclésiastiques présents à la cérémonie du matin, prirent place autour de la table de famille, magnifiquement servie, comme celle du saint vieillard Tobie (*), « dans les jours de fête du Seigneur ».

Le soir, à trois heures, on se rassemblait une dernière fois, à la chapelle, pour la rénovation des promesses du baptême. Monsieur l'abbé Desplat voulut bien prendre encore la parole : il parla avec éloquence des devoirs imposés à l'âme chrétienne par son adoption divine ; et Monsieur l'abbé Odon de Lavalette, usant d'une faveur que lui avait gracieusement accordée S. G. Monseigneur l'Évêque de Périgueux, donna, pour couronner tant de bénédictions, le salut du Très Saint Sacrement.

Il n'y avait plus qu'à se séparer. Le soleil qui, jusque là, avait brillé dans le ciel de tout l'éclat dont il se pare au mois de mai, se couvrit soudain de nuages ; et la journée, si heureusement commencée, s'acheva dans le trouble et l'agitation de la tempête, image de cette vie,

Où tout est fugitif, périssable, incertain,

(*) Tob. II, 1.

et où l'épreuve nous surprend au milieu de la joie. Mais quoi qu'il arrive, bonheur ou malheur, un Meslon comme un Lavalette, fidèle à l'honneur de ses aïeux, est toujours prêt, toujours debout : car si « Lavalette vaut plus que la valeur » *Plus quam valor Valetta valet*, « l'ambition de Meslon n'est aultre que servir Dieu et sa Patrie (*) ».

(*) Essai généalogique de la famille de Meslon par Léo Drouyn, p. 72.

ÉPILOGUE

Le 2 Juillet suivant, à Bordeaux, Mademoiselle Pia de Meslon recevait le sacrement de Confirmation des mains de S. G. Monseigneur Guilbert, destiné à porter un jour, comme ses prédécesseurs, sur le siège archiépiscopal, la pourpre cardinalice.

La cérémonie eut lieu dans la vieille cathédrale de Saint-André, à laquelle se rattachaient pour l'enfant tant de précieux souvenirs.

C'est là, que l'aïeul maternel de sa mère, devenu dans sa vieillesse — à soixante ans —

l'abbé Maurice de Sentout et attaché au chapitre le jour même de son ordination, avait assisté, si souvent, dans ses fonctions pontificales, le cardinal de Cheverus, son ami. C'est là, dans cette basilique, témoin des grands actes religieux de tous les siens, depuis plus d'un demi-siècle, qu'elle était née, elle aussi, à cette vie chrétienne dont elle allait désormais posséder la plénitude et la perfection.

Et, tandis que le Pontife la *confirmait du chrême de salut*, toutes ces nobles figures planant au-dessus d'elle, une voix semblait descendre de ces voûtes, pour lui dire ce mot, qui résume toute la sagesse de l'Ecclésiastique (*) : « Faites « maintenant votre œuvre, avant que le temps « ne finisse ; et, quand le temps sera fini, le « Seigneur vous en donnera une récompense « digne de Lui. »

(*) Eccli. ult.

www.ingramcontent.com/pod-product-compliance
Ingram Content Group UK Ltd.
Pitfield, Milton Keynes, MK11 3LW, UK
UKHW020535180726
13839UKWH00006B/2513